BIBLIOGRAPHIE

Tirage à 100 Exemplaires papier vergé
et 5 papier de Chine

THÉATRE
DE
MARIVAUX

—

BIBLIOGRAPHIE

DES ÉDITIONS ORIGINALES

ET

DES ÉDITIONS COLLECTIVES DONNÉES PAR L'AUTEUR

PARIS

CHEZ P. ROUQUETTE, LIBRAIRE

85-87, Passage Choiseul, 85-87

—

M DCCC LXXVI

Bien que la mode soit aux bibliographies de livres qui ne se trouvent plus, celle-ci s'adresse aux amateurs pour qui le plaisir de chercher une pièce rare, mais possible, passe celui d'en rêver de chimériques. Les éditions originales de Molière sont devenues autant de phénix, visibles, comme l'ancien, à peine tous les cent ans. Ce n'est pas un gibier, quasi-fabuleux, de cette sorte, que nous levons aujourd'hui, mais de simples lièvres; sans doute ils feront courir, puisque les voilà debout, et sûrement ils en valent la peine.

Après Molière, Marivaux est celui de nos anciens

auteurs comiques de qui le répertoire du Théâtre-Français a le plus retenu. La raison est suffisante pour faire rechercher les éditions de ses comédies de première impression, depuis surtout que la curiosité s'est épuisée sur celles de son grand devancier, et nous l'appuierons de cette considération, faite pour toucher les bibliophiles, qu'il était plus facile, encore en 1855, de réunir Molière en éditions princeps, qu'il ne le serait aujourd'hui de rassembler Marivaux. A dix-huit ans de distance, nous en avons pu faire la double expérience.

Nous avons vu toutes les pièces décrites ici, moins une; plusieurs restent douteuses comme originales, nous l'avons dû dire. Marivaux était un homme de vive sensibilité littéraire, inquiet et capricieux; tantôt il demandait une approbation pour ne s'en servir qu'après des années, tantôt il faisait approuver, longtemps après la représentation, une comédie à l'impression de laquelle il avait paru renoncer. De là les incertitudes de sa bibliographie, qui se dissiperont peu à peu.

A côté de Marivaux, auteur comique, il y a le romancier et le journaliste littéraire. Nous ne nous trouvons pas également prêt sur ce triple Marivaux. Le complément de ce travail est reculé à un temps que l'état de nos recherches ne nous permet pas de croire rapproché.

Les pièces originales sont cataloguées ici dans l'ordre de leur représentation, la première et la dernière exceptées, qui n'ont jamais été représentées. Nous disons la pièce *anonyme* lorsque le nom de l'auteur ne se trouve ni sur le titre, ni au bas de l'épître dédicatoire, ni dans l'approbation, ni au privilége.

A. P.-Malassis.

THÉATRE
DE
MARIVAUX
—
BIBLIOGRAPHIE

THÉATRE
DE
MARIVAUX

BIBLIOGRAPHIE

ÉDITIONS ORIGINALES EN BROCHURES

—

1712

1. — Le Père prudent et équitable, ou Crispin l'heureux fourbe. Comédie. A Limoges. A Paris, au Palais. Et en la boutique de la veuve Barbin. Chez Pierre Huet, sur le se-

cond Perron de la Sainte Chapelle, 1712, in-12.

6 p. pour le titre, l'épître dédicatoire à Monsieur Rogier, seigneur du Buisson, lieutenant général civil et de police en la sénéchaussée et siége présidial de Limoges, signée M***, un avis de l'imprimeur, et la liste des acteurs, suivie de l'approbation de Constant, procureur du Roy de police, à Limoges, en date du 22 mars 1712, et 42 p.

Anonyme.

Cette comédie en un acte, la seule que Marivaux ait écrite en vers, n'a pas été représentée, et n'a pas eu de réimpression en brochure; elle figure en tête de la dernière édition de son théâtre que l'auteur ait donnée. (Voir le n° 35.)

1720

2. — Annibal, tragédie en cinq actes. A Paris, chez Noël Pissot, quay de Conty, à la descente du Pont-Neuf, au coin de la rue de Nevers, à la Croix d'or, 1727, in-12.

74 p. avec le titre; l'approbation de Blanchard est du 4 mars 1727.

Anonyme.

Cette tragédie, représentée par les Comédiens ordinaires du Roy, le 16 octobre 1720, eut une reprise le 27 décembre 1747.

Autres éditions du libraire Prault, avec le nom de Marivaux, en 1740 et 1755, in-12.

3. — Arlequin poli par l'amour, comédie. Représentée par les Comédiens Italiens de Son Altesse Royale Monseigneur le Duc d'Orléans. Le prix est de vingt-cinq sols. A Paris, chez la veuve Guillaume, quay des Augustins, au coin de la rue Pavée, au nom de Jésus, 1723, in-12.

60 p. avec l'approbation de Danchet, du 2 juin 1723, et le privilége au sieur Carlet de Marivaux pour *Arlequin poli par l'amour* et pour *la Surprise de l'amour*. (Voir le n° 4.)

Représentée pour la première fois le jeudi 17 octobre 1720.

1722

4. — La Surprise de l'amour, comédie. Représentée par les Comédiens Italiens de Son Altesse Royale Monseigneur le Duc d'Or-

léans. Le prix est de vingt-cinq sols. A Paris, chez la veuve Guillaume, 1723, in-12.

6 p. pour le titre, le privilége à Riconboni, dit Lelio, pour les pièces de *Nouveau Théâtre italien*, et 110 p.; l'approbation de Danchet, du 19 mars 1723, est à la fin.
Anonyme.
La première représentation est du 3 mai 1722.
Autre édition de Briasson, 1730, in-12.

1723

5. — La Double inconstance. Comédie en trois actes. Représentée pour la première fois par les Comédiens Italiens du Roy, le mardi 6 avril 1723. A Paris, chez François Flahault, quay des Augustins, au coin de la rue Pavée, au Roy de Portugal, 1724, in-8.

6 p. pour le titre, l'épître dédicatoire à Madame la Marquise de Prie, signée D. M., et 136 p., avec l'approbation de Danchet, du 1er mai 1724, et le privilége.
Anonyme.
Autre édit. de Briasson, 1730, in-12.

1724

6. — La Fausse suivante, ou le Fourbe puny. Comédie en trois actes. Représentée pour la première fois par les Comédiens Italiens ordinaires du Roy, le samedy 8 juillet 1724. A Paris, chez Briasson, rue Saint Jacques, à la Science, 1729, in-12.

144 p., avec l'approbation de Danchet, du 6 août 1724, et le privilége pour l'impression d'*Arlequin Pluton* (de Gueulette), du *Dédain affecté* (de Mlle Monicaux), et de *la Fausse suivante*.
Anonyme.
Édition douteuse comme originale. C'est la plus ancienne que nous connaissions avec le privilége et sans le titre collectif : *Nouveau Théâtre italien*; mais il y a plus de quatre années entre la date de l'approbation et celle du privilége à Gissey qui céda son droit à Briasson.

7. — Le Prince travesti ou l'Illustre avanturier. Comédie. A Paris, chez Noël Pissot, 1727, in-12.

4 p. pour le titre et le privilége pour *le Prince*

travesti, *l'Héritier de village, Annibal, le Dénouement imprévu*, et 132 p.; l'approbation de Blanchard, du 2 mars 1727, est à la fin.

Anonyme.

Comédie représentée pour la première fois par les Comédiens Italiens ordinaires du Roy, le 5 février 1724. « Elle parut d'abord en trois actes; mais l'auteur supprima le dernier et donna sa pièce en cinq actes, et enfin il la remit en trois, dans l'état qu'elle est aujourd'hui imprimée. » (*Catalogue alphabétique des comédies représentées par les Comédiens Italiens*, en tête du *Nouveau Théâtre italien*; Paris, Briasson, 1729.)

Autres éditions de Briasson, de 1730 et 1733, in-12.

8. — Le Dénouement imprévu, comédie d'un acte. A Paris, chez Noël Pissot, 1727, in-12.

54 p. avec le titre, l'approbation de Blanchard, du 3 mars 1727, et le privilége pour *le Prince travesti, l'Héritier de village, Annibal, le Dénouement imprévu*.

Anonyme.

Cette comédie, composée en société avec Parfaict l'aîné, d'après le *Dictionnaire des théâtres*, avait été représentée pour la première fois, par les Comédiens François ordinaires du Roy, le 17 décembre 1724.

Autres éditions de Prault, au nom de Marivaux, de 1740 et 1742, in-12.

1725

9. — L'Isle des esclaves, comédie en un acte, représentée pour la première fois par les Comédiens Italiens du Roy, le lundy 5 mars 1725. A Paris, chez Noël Pissot, Pierre Delormel, rue du Foin, à Sainte Geneviève, et François Flahault, 1725, in-12.

67 p., plus 5 pour l'approbation de Houdar de la Motte, du 28 mars 1725, et le privilége pour la pièce.
Anonyme.

10. — L'Héritier de village, comédie en un acte. Représentée pour la première fois par les Comédiens Italiens ordinaires du Roy, le 19 aoust 1725. A Paris, chez Briasson, 1729, in-12.

64 p. avec le titre, l'approbation de Blanchard, du 3 mars 1727, et le privilége pour *le Prince travesti, l'Héritier de village, Annibal, le Dénouement imprévu.*
Anonyme.

La plus ancienne édition de cette pièce avec date et privilége et sans le titre général de *Nouveau Théâtre italien* que nous ayons vue; mais nous doutons qu'elle soit la première. En effet, le même privilége ayant été donné pour *Annibal, le Prince travesti, le Dénouement imprévu* et *l'Héritier de village* (voir les nos 7 et 8), il semble que cette dernière pièce devrait se rencontrer, comme les autres, au nom de Pissot et à la date de 1727.

1727

11. — L'Isle de la raison, ou les Petits hommes. Comédie. En trois actes. Le prix est de vingt-quatre sols. A Paris, chez Pierre Prault, à l'entrée du quay de Gesvres, au Paradis, 1727, in-12, avec frontispice de Bonnard fils, gravé par J. B. Scotin.

8 p. pour le titre, la préface, l'approbation de Secousse, du 23 septembre 1727, le privilége pour la pièce, et 171 p.

Anonyme.

Autres éditions de Prault, de 1743 et 1755, in-12, la dernière au nom de Marivaux et présentée comme seconde édition.

12. — La Seconde surprise de l'amour, comédie, représentée par les Comédiens François, au mois de décembre 1727. Par Monsieur de Marivaux. A Paris, chez Pierre Prault, 1728, in-12.

12 p. pour le faux-titre, les *Fautes essentielles*, le titre, l'épître dédicatoire A son Altesse Sérénissime madame la Duchesse du Maine, l'approbation de Danchet, du 20 février 1728, le privilége pour *le Spectateur françois du sieur de Marivaux*, et 150 p., suivies de 6 p. de *Catalogue de livres amusans qui se vendent chez Pierre Prault*.

Une édition du même libraire, à la même date, n'a que 120 p. et est sans faux-titre et sans privilége.

1728

13. — Le Triomphe de Plutus, comédie. Représentée pour la première fois par les Comédiens Italiens ordinaires du Roy, le 22 avril 1728. A Paris, chez Prault père, 1739, in-12.

4 p. pour un feuillet blanc et le titre, 53 p., et 2 p. pour l'approbation de La Serre, du 23 juillet 1739, et le privilége pour divers ouvrages.

1730

14. — Nouveau Théâtre italien. Le Jeu de l'amour et du hazard, comédie en trois actes, représentée pour la première fois par les Comédiens Italiens ordinaires du Roi, le 23 janvier 1730. A Paris, chez Briasson, 1730, in-12.

4 p. pour le titre, la liste des pièces données jusqu'à 1730 par Marivaux au Théâtre italien et au Théâtre françois, au nombre de douze, les *Acteurs*, l'approbation de Danchet, du 21 février 1730, et 116 p.

Cette édition originale se distingue d'autres à la même date, ou sans date, à ce que le mot *Fin* y est parangonné avec la dernière ligne de la pièce qui finit au bas de la p. 116; à ce que la scène première du premier acte est séparée de la scène seconde par une vignette combinée, au lieu de l'être, comme les autres scènes, par un filet, sans doute à cause de la suppression, à l'épreuve, de quelques lignes du dialogue; à ce que ce premier acte, divisé en dix scènes dans les éditions postérieures, n'en a que neuf; les scènes du second acte, au nombre de treize, sont aussi autrement coupées, dans cette première édition, qu'elles ne l'ont été depuis.

Autre édition de Briasson, à la date de 1736.

1731

15. — La Réunion des amours, comédie héroïque. Paris, 1732, in-12.

Édition originale portée au catalogue de la Bibliothèque nationale, mais qui ne s'y retrouve pas. Suivant les frères Parfaict, « cette pièce parut sous le nom du sieur de la Clède. » Elle a eu deux éditions l'année suivante au nom de Marivaux à qui le privilége est donné. L'approbation de Gallyot est du 12 décembre 1731. L'une et l'autre de ces éditions de 1733, chez Prault, in-12, porte que la pièce a été représentée par les Comédiens François, au mois de ..... 1732 ; mais le *Dictionnaire des théâtres de Paris* fixe la première représentation au 9 novembre 1731.

1732

16. — Le Triomphe de l'Amour, comédie de M. de Marivaux. Représentée par les Comédiens Italiens au mois d'avril 1732. Le prix est de vingt-quatre sols. A Paris, chez Pierre Prault, 1732, in-12.

8 p. pour le titre, l'avertissement de l'auteur, l'approbation de Gallyot, du 4 avril 1732, le privilége pour les *Œuvres du sieur de Marivaux, la Vie de Marianne, etc.*, et 144 p., suivies de 4 p. de catalogue de Prault.

17. — Les Serments indiscrets, comédie de M. de Marivaux. Représentée par les Comédiens François au mois de juin 1732. Le prix est de vingt-quatre sols. A Paris, chez Pierre Prault, 1732, in-12.

12 p. pour le faux-titre, le titre, l'avertissement, et 102 p. avec l'approbation de Gallyot, du 28 juin 1732, et le privilége pour les *Œuvres du sieur de Marivaux, la Vie de Marianne, etc.*

Une réimpression de Prault, à la même date, sans approbation ni privilége, a 8-99 p.

Autre édit. de Duchesne, 1759, in-12.

18. — L'École des mères, comédie de M. de Marivaux. Représentée par les Comédiens Italiens au mois de juillet 1732. Le prix est de vingt sols. A Paris, chez Pierre Prault, 1732, in-12.

4 p. pour le faux-titre et le titre, et 61 p. suivies

de 3 p. pour l'approbation de Gallyot, du 7 août 1732, et le privilége pour les *Œuvres du sieur de Marivaux, la Vie de Marianne*, etc.

1733

19. — L'Heureux stratagême, comédie de M. de Marivaux. Représentée par les Comédiens Italiens le 6 juin 1733. Le prix est de vingt-quatre sols. A Paris, chez Prault père, et Prault fils, quay de Conty, à la descente du Pont-Neuf, à la Charité, 1733, in-12.

4 p. pour le titre et pour un catalogue, et 89 p. suivies de 3 pour l'approbation de Gallyot, du 20 juin 1733, et le privilége pour les *Œuvres du sieur de Marivaux, la Vie de Marianne*, etc.

Autre édit. de Duchesne, 1759, in-12.

1734

20. — La Méprise, comédie de Monsieur de Marivaux. Représentée pour la première fois par les Comédiens Italiens ordinaires du Roy,

le 16 août 1734. A Paris, chez Prault père, 1739, in-12.

4 p. pour le titre, l'approbation de La Serre, du 26 avril 1739, le privilége pour divers ouvrages, et 65 p.

21. — Le Petit Maître corrigé, comédie. De Monsieur de Marivaux. Représentée pour la première fois par les Comédiens François, le samedy 6 novembre 1734. A Paris, chez Prault père, 1739, in-12.

4 p. pour le titre, l'approbation de Jolly, du 4 février 1733, le privilége pour ouvrages divers, et 120 p.
Nous doutons que cette édition soit la première, à cause du long temps écoulé entre l'approbation et l'impression, mais nous n'en connaissons pas de plus ancienne.
Autre édit. de Duchesne, de 1759, in-12.

1735

22. — La Mère confidente. Comédie en trois actes. De M. de Marivaux. Représentée

le 9 mai 1735 par les Comédiens Italiens. A Paris, chez Prault fils, 1735, in-12.

110 p. avec l'approbation de Duval, du 23 mai 1735, et le privilége pour la pièce et d'autres ouvrages.

1736

23. — Le Legs, comédie en un acte. De Monsieur M**. A Paris, chez Prault fils, 1736, in-12.

104 p., avec l'approbation de Beauchamps, du 9 mars 1736, et le privilége pour *les Contre-Temps* (de La Grange-Chancel), comédie en vers, et *le Legs*, comédie en prose, par le sieur de Marivaux.

Dans l'édit. de son Théâtre à la date de 1758, Marivaux qui se corrigeait peu, a notablement abrégé et allégé le dialogue de la scène X, la plus longue de la pièce.

Une réimpression de Prault, 1740, in-12, a le nom de l'auteur sur le titre, et est conforme pour le texte à l'éd. originale.

1737

24. — Les Fausses confidences, comédie. De Monsieur de Marivaux. Représentée par les Comédiens Italiens ordinaires du Roi. Le prix est de trente sols. A Paris, chez Prault père, 1738, in-12.

4 p. pour le titre, l'approbation de La Serre, du 15 septembre 1738, le privilége pour divers ouvrages, et 131 p., suivies d'un catalogue de 8 p.

1738

25. — La Joye imprévûe, comédie représentée pour la première fois par les Comédiens Italiens ordinaires du Roy, en 1738. Le prix est de vingt-quatre sols. A Paris, chez Prault père, 1738, in-12.

4 p. pour le titre, l'approbation de La Serre, du 26 octobre 1738, le privilége pour divers ouvrages, et 68 p.
Anonyme.
La première représentation est du 7 juillet 1738.

1739

26. — Les Sincères, comédie de Monsieur de Marivaux. Représentée pour la première fois par les Comédiens Italiens ordinaires du Roi, le 13 janvier 1739. Le prix est de vingt-quatre sols. A Paris, chez Prault père, 1739, in-12.

4 p. pour le faux-titre et le titre, 53 p., et 3 p. pour l'approbation de La Serre, du 28 janvier 1739, et le privilége pour divers ouvrages.

1740

27. — L'Épreuve. Comédie. Par M. D***. Représentée pour la première fois par les Comédiens Italiens le 19 novembre 1740. Le prix est de 24 sols. A Paris, chez F. G. Mérigot, quay des Augustins, à la descente du Pont S. Michel, à S. Louis, 1740, in-12.

90 p. terminées par l'approbation de Crébillon,

du 29 novembre 1740, plus un feuillet pour cet erratum : « On observera que Marianne et Angélique ne sont que la même personne, qui n'a ici ces deux noms que par une méprise dont on s'est aperçu trop tard pour la corriger. »
Anonyme.
Autre édit. de Prault père, 1747, in-12.

1744

28. — La Dispute, comédie. En prose en un acte. Par M. De M..... Représentée par les Comédiens François. Le prix est de vingt-quatre sols. A Paris, chez Jacques Clousier, rue S. Jacques, à l'Écu de France, 1747, in-12.

72 p. avec l'approbation de Maunoir, du 25 octobre 1746, et le privilége pour *le Préjugé vaincu* et *la Dispute*.
Anonyme.
La première représentation est du 19 octobre 1744.
Autre édit. de Pierre Prault, 1749, in-12.

1746

29. — Le Préjugé vaincu, comédie. En

prose en un acte. Par M. de M..... Représentée par les Comédiens François. Le prix est de vingt-quatre sols. A Paris, chez Jacques Clousier, 1747, in-12.

50 p., avec un catalogue, l'approbation de Maunoir, du 25 octobre 1746, et le privilége pour *le Préjugé vaincu* et *la Dispute*.
Anonyme.
La première représentation est du 6 août 1746.
Autre édit. de Pierre Prault, 1749, in-12.

—

ÉDITIONS ORIGINALES PUBLIÉES DANS DES RECUEILS

1729

30. — La Colonie, comédie en un acte.

Dans le premier volume de décembre 1750 du *Mercure de France*, p. 29-88, où elle est présentée comme ayant été jouée « dans une société. »
C'est, réduite à un acte assez long, *la Nouvelle*

colonie, ou la Ligue des femmes, comédie en trois actes, jouée au Théâtre Italien, en 1729, et non imprimée. (Voir le *Dictionnaire des théâtres de Paris*, article MARIVAUX.)

La Colonie n'a été comprise dans l'une ni dans l'autre des deux éditions dites « complètes » de Marivaux, de 1781 et de 1825.

1755

31. — Les Acteurs de bonne foi, comédie en un acte.

Dans le *Conservateur ou Collection de morceaux rares...* de novembre 1757, p. 2-60. Représentée par les Comédiens François, le 16 septembre 1755.

1757

32. — Félicie, féerie en un acte.

Dans le *Mercure de France* de mars 1757, p. 8-52; non représentée.

ÉDITIONS COLLECTIVES

1732

33. — Les Comédies de Monsieur de Marivaux, joüées sur le Théâtre de l'Hotel de Bourgogne, par les Comédiens Italiens ordinaires du Roy. Paris, Briasson, 1732, 2 vol. in-12.

Tome I. — Arlequin poli par l'amour. — La Surprise de l'amour. — La Double inconstance. — Le Prince travesti.

Tome II. — La Fausse suivante. — L'Isle des esclaves. — L'Héritier de village. — Le Jeu de l'amour et du hazard.

Ces huit pièces sont à pagination séparée, sans dates d'impression; elles portent, en tête du titre, *Nouveau Théâtre italien*, et se terminent par l'approbation générale de Danchet pour les pièces de ce théâtre, du 3 novembre 1728, à l'exception de l'approbation du *Jeu de l'amour et du hazard*, donnée, aussi par Danchet, le 21 février 1730.

Ces deux volumes ont eu de nombreuses réimpressions, toujours au nom de Briasson et à la date de 1732 ; elles se distinguent à la variation des papiers et des ornements typographiques ; dans les moins anciennes le mot *Roy* du titre est écrit *Roi*.

1740-1748

34. — Œuvres de théâtre de M. de Marivaux. A Paris, chez Prault père, 1740, 4 vol. in-12.

Ces quatre volumes furent complétés, sans doute en 1748, par un cinquième n'ayant que le faux-titre : *Œuvres de théâtre de M. de Marivaux*, et s. d.

Tome I. Théatre françois. — Annibal. — Le Denouement imprévu. — L'Isle de la Raison, ou les Petits hommes. — La Seconde surprise de l'amour.

Tome II. Théatre françois. — La Réunion des amours. — Les Sermens indiscrets. — Le Petit Maistre corrigé. — Le Legs.

Tome III. Nouveau théatre italien. — Le Triomphe de Plutus. — Le Triomphe de l'Amour. — L'École des mères. — L'Heureux stratagème.

Tome IV. Nouveau théatre italien. — La Méprise. — La Mère confidente. — Les Fausses confidences. — La Joye imprévue. — Les Sincères.

Tome V. Nouveau théatre italien.—L'Epreuve.
— Théatre françois. — Le Préjugé vaincu. — La
Dispute. — Discours prononcé à l'Académie françoise, le 4 février 1743, par M. de Marivaux, lors-
qu'il y vint prendre séance à la place de feu M. l'abbé
de Houteville.

Toutes les pièces de ce recueil sont à pagination séparée ; les premiers exemplaires mis en vente furent formés, en partie, de restes d'éditions originales publiées par Prault de 1727 à 1740, et tel est celui de la Bibliothèque nationale, mar. r. aux armes de France ; mais on n'en rencontre guère de pareils : la plupart ne se composent que de réimpressions aux mêmes dates, ou à des dates postérieures. Le titre collectif a été lui-même réimprimé plusieurs fois, toujours à la date de 1740.

1758

35. — Œuvres de théâtre de M. de Marivaux, de l'Académie françoise. Nouvelle édition. A Paris, chez N. B. Duchesne, rue S. Jacques, au dessous de la Fontaine S. Benoît, au Temple du Goût ; 5 vol. in-12, avec portrait gravé par Chenu d'après Garand.

Cette édition, à pagination à peu près suivie, la

dernière donnée par Marivaux, se compose des mêmes pièces que celle de 1740-1748, précédées du *Père prudent et équitable*, la première comédie de l'auteur, jamais jouée et non imprimée depuis 1712 (voir le n° 1). Pour avoir le théâtre de Marivaux complet, on joignait à ces cinq volumes, comme à la collection précédente, les deux tomes de 1732 (voir le n° 33). L'ensemble formait vingt-neuf pièces, auxquelles les éditeurs de 1781 et de 1825 ont ajouté : *les Acteurs de bonne foi* (voir le n° 31), et *Félicie* (voir le n° 32), en négligeant *la Colonie* (voir le n° 30).

FIN

TABLE ALPHABÉTIQUE

—

	Pages.
Les Acteurs de bonne foi.	20
Annibal.	2
Arlequin poli par l'amour.	3
La Colonie.	19
Le Dénouement imprévu.	6
La Dispute.	18
La Double inconstance.	4
L'École des mères.	12
L'Épreuve.	17
La Fausse suivante.	5
Les Fausses confidences.	16
Félicie.	20
L'Héritier de village.	7
L'Heureux stratagême.	13

	Pages.
L'Isle de la raison.	8
L'Isle des esclaves.	7
Le Jeu de l'amour et du hazard.	10
La Joye imprévûe.	16
Le Legs.	15
La Méprise.	13
La Mère confidente	14
Le Père prudent et équitable.	1
Le Petit-maître corrigé.	14
Le Préjugé vaincu.	18
Le Prince travesti.	5
La Réunion des amours.	11
La Seconde surprise de l'amour.	9
Les Serments indiscrets.	12
La Surprise de l'amour.	3
Les Sincères.	17
Le Triomphe de l'Amour.	11
Le Triomphe de Plutus.	9

Paris. — Typographie Motteroz, rue du Dragon, 31.

www.ingramcontent.com/pod-product-compliance
Lightning Source LLC
Chambersburg PA
CBHW060642050426
42451CB00010B/1201